Sampatha Goonewardena
Chamara Senaratna
Shamini Prathapan

Prevalência e factores de risco do divórcio no Sri Lanka

AF670248

Sampatha Goonewardena
Chamara Senaratna
Shamini Prathapan

Prevalência e factores de risco do divórcio no Sri Lanka

ScienciaScripts

Imprint
Any brand names and product names mentioned in this book are subject to trademark, brand or patent protection and are trademarks or registered trademarks of their respective holders. The use of brand names, product names, common names, trade names, product descriptions etc. even without a particular marking in this work is in no way to be construed to mean that such names may be regarded as unrestricted in respect of trademark and brand protection legislation and could thus be used by anyone.

Cover image: www.ingimage.com

This book is a translation from the original published under ISBN 978-3-659-70956-2.

Publisher:
Sciencia Scripts
is a trademark of
Dodo Books Indian Ocean Ltd. and OmniScriptum S.R.L publishing group

120 High Road, East Finchley, London, N2 9ED, United Kingdom
Str. Armeneasca 28/1, office 1, Chisinau MD-2012, Republic of Moldova, Europe
Printed at: see last page
ISBN: 978-620-8-14720-4

Copyright © Sampatha Goonewardena, Chamara Senaratna, Shamini Prathapan
Copyright © 2024 Dodo Books Indian Ocean Ltd. and OmniScriptum S.R.L publishing group

Índice:

PREVALÊNCIA DO DIVÓRCIO, FACTORES DE RISCO ASSOCIADOS E RAZÕES JURÍDICAS ENTRE AS MULHERES SEPARADAS/DIVORCIADAS DOS SEUS MARIDOS VIVER EM TRÊS DISTRITOS DO SRI LANKA

Dr. C.S.E.Goonewardena (MBBS, MSc, MD)

Investigador principal

Professor Sénior

Departamento de Medicina Comunitária

Faculdade de Ciências Médicas,

Universidade de Sri Jayewardenepura, Sri Lanka.

Dr. B.C.V.Senaratne (MBBS, MSc, MD)

Co-investigador

Professor Sénior

Departamento de Medicina Comunitária

Faculdade de Ciências Médicas,

Universidade de Sri Jayewardenepura, Sri Lanka.

Dr. S.Prathapan (MBBS, MSc, MD)

Co-investigador

Professor Sénior

Departamento de Medicina Comunitária.

Faculdade de Ciências Médicas,

Universidade de Sri Jayewardenepura, Sri Lanka.

Bolsa de investigação universitária ASP/06/RE/2009/07

Resumo

Verificou-se que as taxas de divórcio no Sri Lanka estão a aumentar muito e que se sabe muito pouco sobre as causas do divórcio no Sri Lanka. De acordo com as estatísticas mundiais sobre o divórcio, a taxa de divórcio estimada no Sri Lanka é de 0,15 por 1000 habitantes por ano. Não foi efectuada qualquer investigação científica sólida neste domínio para calcular a prevalência do divórcio no Sri Lanka. Outros estudos documentaram que, com o divórcio, o número de famílias monoparentais está a aumentar. Esta situação afecta direta ou indiretamente o futuro desenvolvimento psicossocial da criança e os seus resultados. Isto afectará toda a sociedade em geral. O comportamento de risco também pode ser identificado e podem ser tomadas medidas para reduzir esses casos. No Sri Lanka, o divórcio tende a ter repercussões negativas tanto para os divorciados como para os seus filhos. Entre os divorciados, as mulheres sofrem mais devido às normas e atitudes sociais que afectam negativamente as mulheres divorciadas. Também afecta a sua estabilidade financeira, uma vez que muitas mulheres na sociedade do Sri Lanka não são financeiramente independentes. Os filhos dos divorciados também enfrentam pressões sociais negativas que, juntamente com as suas próprias tensões psicológicas resultantes do divórcio dos pais, podem dar origem a condições psicológicas sintomáticas.

Os objectivos da nossa investigação foram determinar a prevalência do divórcio e os factores de risco associados entre as mulheres separadas/divorciadas dos seus maridos que vivem em três distritos do Sri Lanka e descrever as razões legais para a separação/divórcio no Sri Lanka.

O estudo foi realizado nos distritos de Ratnapura, Colombo e Kalutara, utilizando um questionário pré-testado administrado por um entrevistador a 177, 325 e 292 mulheres separadas/divorciadas, respetivamente. A prevalência do divórcio no distrito de Colombo é de 3,3/1000 casamentos, no distrito de Kalutara - 3,9/1000 casamentos e no distrito de Ratnapura - 2,4/1000 casamentos, respetivamente. A prevalência total foi de 3,2/1000 casamentos.

A maioria das mulheres era cingalesa e budista. Apenas metade delas tinha um nível de rendimento superior a 25 000 rupias. A maioria tinha o ensino secundário e apenas cerca de 38-46% das mulheres tinham estado empregadas antes do divórcio. Não se registou qualquer diferença significativa entre os três distritos no que diz respeito à manutenção do emprego. As práticas negativas do ex-cônjuge (álcool, estupefacientes, jogo e casos extraconjugais) influenciaram o divórcio nos três distritos. A proporção de casamentos por amor foi maior em Colombo do que nos outros dois distritos. Cerca de 10-12% das mulheres nos três distritos referiram que os seus pais estavam separados legalmente. A idade mais baixa no casamento, a presença de casamentos mistos, os rendimentos mais baixos, o nível de instrução mais baixo e as práticas negativas dos ex-cônjuges eram factores de risco significativos para o divórcio. Algumas das razões legais para o divórcio foram a falta de empenhamento no casamento, a incompatibilidade sexual e a infidelidade, a falta de comunicação entre os cônjuges, o abandono, a dependência do álcool e o abuso de substâncias.

Capítulo 1

Introdução

O divórcio é definido como a ação ou uma instância de dissolução legal de um casamento (1). O divórcio põe termo a um casamento, cancelando os deveres e responsabilidades legais do casamento entre duas pessoas, e requer a sanção de um juiz ou de outra autoridade num processo legal para ficar completo (2). O divórcio não declara a nulidade do casamento, como acontece com a anulação, mas anula o estado civil das partes, permitindo-lhes casar com outra pessoa (1). No Sri Lanka, uma pessoa só é considerada divorciada se o divórcio tiver sido obtido num tribunal. Uma pessoa divorciada que tenha voltado a casar é considerada casada e não divorciada. "Separado judicialmente" refere-se a uma pessoa que obteve uma separação judicial ou legal num tribunal. Por outro lado, se uma pessoa se separou voluntariamente sem obter uma decisão judicial, então essa pessoa é abrangida pela categoria "Separado não judicialmente" (3).

No Sri Lanka, o decreto sobre o registo do casamento e o código de processo civil constituem a lei geral sobre o divórcio, 485 as disposições do decreto estabelecem firmemente que o divórcio se baseia na culpa e a jurisprudência reafirmou este conceito (4).

Os motivos para o divórcio ao abrigo da lei sobre o registo do casamento são os seguintes

1. adultério
2. deserção maliciosa
3. Impotência incurável na altura do casamento.

Para além da Portaria sobre o Registo do Casamento e do Código de Processo Civil, existem diferentes motivos para o divórcio que se aplicam separadamente aos cingaleses, aos tamil e aos muçulmanos de Kandyan.

A Lei do Casamento e do Divórcio Kandyan rege o divórcio apenas entre os Kandyans casados ao abrigo desta lei. A dissolução do casamento Kandyan é concedida com base nos seguintes fundamentos

1. Adultério da mulher depois do casamento
2. Adultério do marido, associado a incesto ou crueldade grosseira
3. Abandono completo e continuado da esposa durante dois anos
4. Abandono completo e continuado do marido durante dois anos
5. Incapacidade de viver feliz em conjunto
6. Consentimento mútuo

A lei muçulmana sobre o casamento e o divórcio rege o casamento e o divórcio entre muçulmanos. Nas sociedades muçulmanas, a legislação relativa ao divórcio varia de país para país. Os diferentes académicos muçulmanos podem ter interpretações ligeiramente diferentes do divórcio no Islão (por exemplo, no que se refere ao triplo talaq). O divórcio sem culpa é permitido nas sociedades muçulmanas, embora normalmente apenas com o consentimento do marido. A mulher que pede o divórcio tem normalmente de apresentar uma de várias justificações específicas. Se o homem pedir o divórcio ou se tiver sido divorciado, tem de suportar as despesas da ex-mulher com a alimentação do filho e as despesas com a criança até esta atingir os dois anos de idade (isto é, se a criança tiver menos de dois anos). Apesar do divórcio, a criança continua a ser filha do casal.

Um casamento válido pode ser dissolvido por um decreto de dissolução do casamento ou de divórcio e a Lei do Casamento Hindu, a Lei do Divórcio e a Lei do Casamento Especial só permitem esse decreto por motivos específicos previstos nessas leis: crueldade, adultério, deserção, apostasia do hinduísmo, impotência, doença venérea, lepra, adesão a uma ordem religiosa, não ter ouvido falar de estar vivo durante um período de sete anos ou consentimento mútuo, sem necessidade de indicar qualquer motivo. Uma vez que cada caso é diferente, as interpretações da lei pelos tribunais evoluíram, tendo reduzido ou alargado o seu âmbito de aplicação.

De acordo com C Mathews and Company, uma empresa de consultoria jurídica e serviços empresariais, o divórcio é uma subsecção primária do direito da família. O divórcio só pode ser decretado com base nos seguintes fundamentos: deserção maliciosa, adultério, impotência, separação e ação de nulidade do casamento (5).

Os documentos necessários para o divórcio são os seguintes

1. O original ou a versão autenticada da certidão de casamento
2. Endereço das partes
3. Deve ser apresentada uma procuração em que se atribui o poder de o representar em tribunal
4. Para registar os pormenores do casamento até à separação
5. Dados sobre os filhos, caso existam
6. Se o requerido estiver fora do Sri Lanka, a citação tem de ser feita fora do Sri Lanka para esse país.

As taxas de divórcio nos Estados Unidos são as mais elevadas do mundo. A taxa americana é de 5 pessoas em cada mil divorciadas. Por acaso, o Sri Lanka tem uma taxa de divórcio mais baixa, ocupando o 34.º lugar no mundo. Apenas 0,15 pessoas em cada mil se divorciam (6).

Taxa de divórcio por país[3]

Classificação	Países	Montante (de cima para baixo)
#1	Estados Unidos:	
#2	Porto Rico:	
#3	Rússia:	3,36 por 1.000 pessoas
#4	Reino Unido:	3,08 por 1.000 pessoas
#5	Dinamarca:	2,81 por 1.000 pessoas
#6	Nova Zelândia:	2,63 por 1.000 pessoas
#7	Austrália:	2,52 por 1.000 pessoas
#8	Canadá:	2,46 por 1.000 pessoas
#9	Finlândia:	1,85 por 1.000 pessoas
#10	Barbados:	1,21 por 1.000 pessoas
#11	Guadalupe:	1,18 por 1.000 pessoas
#12	Qatar:	0,97 por 1.000 pessoas
#13	Portugal:	0 88 por 1.000 pessoas
#14	Albânia:	0,83 por 1.000 pessoas
#15	Tunísia:	0,82 por 1.000 pessoas
#16	Singapura:	0,8 por 1.000 pessoas
#17	China:	0,79 por 1.000 pessoas
#18	Grécia:	0,76 por 1.000 pessoas
#19	Brunei:	0,72 por 1.000 pessoas
#20	Panamá:	0,68 por 1.000 pessoas

#21	Síria:	0,65 por 1.000 pessoas
#22	Tailândia:	0,58 por 1.000 pessoas
#23	Maurícia:	0,47 por 1.000 pessoas
#24	Equador	0,42 por 1.000 pessoas
#25	El Salvador:	0,41 por 1.000 pessoas
#26	Chipre:	0,39 por 1.000 pessoas
#27	Chile:	0,38 por 1.000 pessoas
#28	Jamaica:	0,38 por 1.000 pessoas
#29	Mongólia:	0,37 por 1.000 pessoas
#30	Turquia:	0,37 por 1.000 pessoas
#31	México:	0,33 por 1.000 pessoas
#32	Itália:	0,27 por 1.000 pessoas
#33	Brasil:	0,26 por 1.000 pessoas
#34	Sri Lanka:	0,15 por 1.000 pessoas
	Média ponderada:	1,3 por 1.000 pessoas

Capítulo 2

Justificação

Verificou-se que as taxas de divórcio no Sri Lanka estão a aumentar muito. Sabe-se muito pouco sobre as causas do divórcio no Sri Lanka. Trata-se de uma área sensível e pretendemos descobrir as razões da tendência crescente em vários sectores do Sri Lanka e verificar se existe alguma diferença entre os sectores. A prevalência e os factores de risco associados também não foram estudados. No entanto, as estatísticas do World Divorce indicam que a taxa de divórcio estimada no Sri Lanka é de 0,15 por 1000 habitantes por ano. Não foi efectuada qualquer investigação científica sólida neste domínio para calcular a prevalência do divórcio no Sri Lanka.

Um artigo publicado no jornal Island, em 31 de julho de 2010, sublinhava que 42% dos casamentos no Reino Unido resultavam em divórcio, ao passo que apenas 1,5% dos casamentos no Sri Lanka levavam à dissolução do matrimónio. O estudo afirmava que, no Reino Unido, os factores que contribuem para a fundamentação do divórcio estavam disponíveis, o que tornava o divórcio um processo mais fácil. No Sri Lanka, os motivos para o divórcio são mais limitados e, além disso, as normas culturais e sociais influenciam uma baixa percentagem de divórcios.

Os factores que levam ao divórcio e o perfil sócio-demográfico destes divórcios não foram estudados cientificamente. Este estudo tem por objetivo determinar a prevalência, os factores de risco e as causas legais do divórcio entre as mulheres casadas que vivem em zonas urbanas, rurais e rurais no Sri Lanka. Pretendemos realizar este estudo em várias áreas PHM em distritos selecionados que representam os sectores acima mencionados, de modo a que uma gama mais vasta de etnias, religiões, factores socioeconómicos e possíveis factores de risco sejam estudados em pormenor para avaliar a situação. Poderemos também avaliar as causas, caso existam, relevantes para os diferentes sectores, depois de discutirmos com os profissionais da área jurídica. O estudo proposto procura abordar esta questão de uma forma mais científica.

Propusemo-nos estudar este problema em três distritos diferentes do país, representando os sectores urbano, rural e imobiliário. Os resultados do estudo ajudarão a determinar as causas e os factores de risco do divórcio no Sri Lanka.

Outros estudos documentaram que, com o divórcio, o número de famílias monoparentais está a aumentar. Isto afectará de forma direta ou indireta o futuro desenvolvimento psicossocial da criança e o seu resultado. Isto afectará toda a sociedade em geral. O comportamento de risco também pode ser identificado e podem ser tomadas medidas para reduzir esses casos.

No Sri Lanka, o divórcio tende a ter repercussões negativas tanto para os divorciados como para os seus filhos. Entre os divorciados, as mulheres sofrem mais devido às normas e atitudes sociais que afectam negativamente as mulheres divorciadas. Também afecta a sua estabilidade financeira, uma vez que muitas mulheres na sociedade do Sri Lanka não são financeiramente independentes. Os filhos dos divorciados também enfrentam pressões sociais negativas que, juntamente com as suas próprias tensões psicológicas resultantes do divórcio dos pais, podem dar origem a condições psicológicas sintomáticas.

Objectivos

Objectivos gerais:

1. Determinar a prevalência e os factores de risco associados entre as mulheres separadas/divorciadas dos seus maridos que vivem em três distritos do Sri Lanka
2. Descrever os motivos legais da separação/divórcio no Sri Lanka

Objectivos específicos:

1. Determinar a prevalência da separação/divórcio entre as mulheres casadas que vivem em três distritos do Sri Lanka
2. Descrever o perfil sócio-demográfico das mulheres separadas / divorciadas.
3. Determinar os factores de risco de separação/divórcio entre estas mulheres.
4. Descrever os motivos legais da separação/divórcio no Sri Lanka.

Capítulo 3

Revisão da literatura

Em 1990, foi efectuado nos Estados Unidos um grande estudo de coorte sobre o casamento, o divórcio e o novo casamento. O estudo demonstrou que houve uma tendência crescente para o divórcio entre os anos 60 e que, em 1980, a taxa de divórcio duplicou e atingiu o ponto em que se esperava que 1 em cada 2 casamentos acabasse em divórcio. A percentagem de novos casamentos entre os mais velhos diminuiu de 74% em 1975 para 63% em 1990. O estudo revelou também que o recasamento era mais elevado entre as mulheres brancas do que entre as mulheres negras ou hispânicas. Durante a década de 1980, a taxa manteve-se inalterada. No entanto, o estudo revelou que se registou uma ligeira descida na percentagem de divórcios após o primeiro casamento entre 1985 e 1990. Verificou-se também que, em 1990, o novo divórcio foi de 5% de todas as mulheres casadas e 29% de todas as mulheres voltaram a casar. Durante este período, os resultados revelaram que houve menos divórcios nos grupos etários mais jovens do que nos grupos etários mais velhos (7).

Em 2006, foi realizado em Espanha um estudo analítico sobre os factores de risco e a sua variação ao longo do tempo. A lei do divórcio foi promulgada em 1981. O estudo revelou que o risco de dissolução da união foi três vezes superior ao dos casamentos ocorridos antes de 1981. O período anterior à entrada em vigor da lei do divórcio de 1981 mostrou que existiam muitas barreiras sociais e jurídicas à dissolução do casamento e o período posterior à entrada em vigor da lei, em que existiam muito menos barreiras à dissolução do casamento (8).

Em 2012, foi realizado um estudo em que foram recolhidos dados secundários do relatório de estatísticas vitais dos EUA de 1990 e do inquérito à comunidade americana de 2010. Os resultados mostraram que a taxa de divórcio era 2,5 vezes mais elevada para os que tinham um novo casamento do que para os que tinham um primeiro casamento. Os resultados do estudo revelaram que a taxa de divórcio entre adultos com 50 anos ou mais tinha duplicado entre 1990 e 2010. As estimativas revelaram que, em 2010, cerca de um em cada quatro divórcios ocorreu em pessoas com 50 anos ou mais (9).

Em 2009, foi realizado um estudo transversal no Irão para avaliar as causas do divórcio entre 400 mulheres e 172 homens que foram encaminhados para os serviços jurídicos e de casamento. Os resultados do estudo revelaram que a prevalência do divórcio tinha aumentado nas últimas décadas. Ao analisar os resultados do estudo, 60% das mulheres declararam que a seleção do parceiro errado era a principal causa do divórcio e 43% dos homens declararam que a interferência dos familiares e da família era a principal razão do divórcio (10) .

Os dados das certidões de casamento foram analisados para avaliar a associação entre a classe social e o divórcio na Bélgica. A leitura dos registos em 2011 demonstrou que existia uma associação positiva entre a classe social e o divórcio. No entanto, os resultados demonstraram que havia uma associação negativa entre o analfabetismo e o divórcio entre as mulheres (11).

No que diz respeito à independência económica, um estudo realizado na Suécia em 2011 por Simonsson e Sandstrom revelou que houve uma diminuição acentuada da independência económica entre os cônjuges e que a taxa de divórcio registou um aumento significativo entre as décadas de 1940 e 1960 devido a mudanças culturais na Suécia (12).

Foi realizado um inquérito populacional em grande escala que incluiu 12 países de baixo, médio e alto rendimento durante um período entre 20062011. O estudo identificou as principais perturbações mentais associadas ao divórcio. As fobias específicas, a depressão grave e o abuso de álcool foram associados à maior proporção de divórcios, que foi de 1,3%, 4% e 2,9%, respetivamente. Os rácios de probabilidade foram calculados e variaram entre 1,2 e 1,8 (13).

Foi realizado um estudo analítico em Espanha com uma amostra de 9757 mulheres casadas com mais de 15 anos de idade. As variáveis identificadas foram o nível de instrução, o emprego, a idade do casamento e a gravidez antes do casamento ou o facto de o marido ser pelo menos cinco anos mais velho. Os dados foram extraídos de um inquérito sobre fertilidade e valores familiares realizado em 2006. Os resultados revelaram que, entre as mulheres que se casaram antes de 1981, ter um elevado nível de instrução e uma ocupação estável eram factores associados ao risco de divórcio. As mulheres que tinham pais divorciados ou filhos de uma relação anterior também estavam em maior risco de dissolução da união. As mulheres que se casaram numa idade mais avançada foram associadas a um menor risco de divórcio. Ao analisar os dados relativos às mulheres que se casaram depois de 1981, o nível de escolaridade das mulheres e a sua profissão não constituíram um fator de risco e não foram estatisticamente significativos. No entanto, as mulheres que tiveram uma gravidez antes do casamento ou que tinham um marido pelo menos cinco anos mais velho mostraram-se positivamente associadas à rutura da união (7).

Em 1992, Corley e Woods efectuaram um estudo para avaliar o impacto das caraterísticas atitudinais dos maridos e das mulheres no momento da dissolução conjugal. Foram entrevistados 610 casais nos primeiros anos de casamento e 6 anos mais tarde. O estudo revelou que o divórcio estava significativamente relacionado com a situação profissional da mulher, a situação profissional, os planos de trabalho futuros, o nível de instrução do pai, a idade do casamento e o número de filhos. Os dados revelaram também que os casais que casaram em idades mais jovens se divorciaram muito mais cedo e que os casais com filhos adiaram o divórcio em relação aos casais sem filhos. O estudo salientou ainda que as esposas católicas adiavam o divórcio mais tempo do que as esposas não católicas(14). Foi realizado um estudo na Finlândia para investigar os efeitos do estatuto socioeconómico do cônjuge no risco de divórcio. Os resultados indicaram que um rendimento mais elevado do marido diminuía o risco de divórcio e que as mulheres com um rendimento mais elevado aumentavam o risco de divórcio. O autor afirma ainda que os casais com um nível de escolaridade inferior apresentam um risco menor de divórcio (15). Um estudo efectuado por Lester procurou determinar se o desemprego tinha um impacto na vida familiar. Os resultados indicaram que o desemprego está associado a taxas de divórcio elevadas (16).

Um estudo efectuado por Torvik et al. demonstrou que o consumo excessivo de álcool por homens e mulheres aumentava o risco de dissolução conjugal. O estudo mostrou também que os casais com bebedores pesados tinham um maior risco de divórcio do que os casais com bebedores ligeiros (17).

No que diz respeito às relações extraconjugais, um estudo realizado por Charney mostrou que o impacto direto dos casos na traição dos cônjuges justifica que estes os abandonem (18).

Tilson e Larsen efectuaram um estudo sobre o casamento precoce e a ausência de filhos no primeiro casamento na Etiópia. Os resultados revelaram que a idade precoce do casamento e a ausência de filhos têm um impacto significativo no risco de divórcio. Por outro lado, ter um filho no primeiro casamento reduz significativamente o risco de divórcio (19).

Foi efectuado um estudo para investigar os efeitos a longo prazo do divórcio dos pais na vida conjugal futura dos filhos. O estudo revelou que os jovens adultos que tinham um historial de divórcio dos pais não tinham probabilidades de casar ou de ter um filho num casamento (20).

Capítulo 4

Métodos

Locais de estudo:

Este estudo foi realizado em três distritos diferentes que representam comunidades urbanas, rurais e rurais no Sri Lanka, nomeadamente: Colombo, Rathnapura e Kalutara.

Desenho do estudo:

Este estudo tinha duas componentes. O primeiro componente foi um estudo transversal analítico para determinar a prevalência do divórcio nos três distritos e para descrever o perfil sócio-demográfico e os factores de risco para a separação/divórcio. Foram também avaliadas as razões legais para o divórcio.
O segundo componente foi um estudo de controlo de casos não comparados para determinar os factores de risco para a separação/divórcio.

População do estudo:

A população do estudo era constituída por mulheres separadas/divorciadas que residiam nos distritos acima referidos, durante um período mínimo de um ano antes do recrutamento.

Tamanho da amostra:

A dimensão da amostra necessária para o componente 1 era de 384 ± 10% de cada distrito. Foram recrutadas cerca de 400 mulheres de cada distrito e a dimensão total da amostra foi de 1200 para o estudo de prevalência nos três distritos.
Para a componente 2, a dimensão da amostra necessária era de 113 mulheres divorciadas e 339 mulheres não divorciadas (total de 452)
O caso foi definido como mulheres separadas/divorciadas que residiam nos distritos acima referidos durante um período mínimo de um ano antes do recrutamento.
O controlo foi definido como uma mulher que não está separada/divorciada.

Método de amostragem:

Foi utilizado o método de amostragem aleatória estratificada para selecionar a dimensão da amostra necessária. Nos distritos de Colombo e Kalutara, foram selecionadas aleatoriamente quatro áreas do Ministério da Saúde e, no distrito de Ratnapura, três áreas do Ministério da Saúde. Foi obtida uma lista de todas as zonas PHM junto do Ministério da Saúde. Em cada PHM, foi consultado o registo dos casais elegíveis para inscrever as mulheres separadas/divorciadas. Todas as mulheres elegíveis para participar foram selecionadas até se atingir a dimensão da amostra necessária de 400 em cada sector. A lista de mulheres separadas/divorciadas foi obtida junto dos PHM dos distritos selecionados.

A componente 2 foi efectuada apenas no distrito de Colombo. Para esta componente, o controlo adequado foi selecionado no mesmo bairro que o caso.

Para estudar o SO 4, foram recolhidas informações junto dos conselheiros familiares que trabalham nos distritos de Colombo e no gabinete da Comissão de Assistência Jurídica do Sri Lanka em Colombo.

Variável de estudo e instrumentos de estudo:

Foram utilizados quatro instrumentos de estudo para recolher os dados

1. Foi elaborada uma folha de registo para cada distrito e para o gabinete do Ministério da Saúde, com uma lista das zonas PHM, a população total de cada PHM e o número de mulheres divorciadas em cada zona PHM, em formato de tabela.
2. Foi elaborado um questionário administrado por um entrevistador para recolher as caraterísticas sócio-demográficas das mães e dos seus cônjuges antes da separação/divórcio.
3. Para identificar os factores de risco do divórcio, foi elaborado um questionário auto-administrado para a mãe preencher e entregar num envelope selado aos responsáveis pela recolha de dados.
4. Foi elaborado um questionário semi-estruturado para recolher dados junto dos conselheiros familiares

Método de recolha de dados

Os PHM foram utilizados como colectores de dados. Ela tem um acesso fácil à família, uma vez que são elas que cuidam dos casais elegíveis e têm também uma óptima relação com as mães e compreendem muito bem a família. Normalmente, a mãe de família confidencia a maior parte das suas preocupações às PHM e isso é muito confidencial.

Como precisávamos da cooperação de vários PHM, recrutámos os PHNS como coordenadores de cada área de MOH que selecionámos. Ficaram encarregues de recolher todos os questionários preenchidos e os envelopes selados até o PI visitar a área para os recolher e efetuar o pagamento.

Após as discussões com os peritos jurídicos, foi elaborado um questionário administrado por um entrevistador, a fim de estudar os OE 2 e 3. O questionário foi traduzido para as línguas cingalesa e tâmil, utilizando os procedimentos de tradução habituais. Foi pré-testado na área do MOH de Borelesgamuwa entre 10 mães separadas/divorciadas e as modificações necessárias serão efectuadas antes da recolha final de dados. Os PHNS foram informados de que deveriam preencher a folha de registo para cada distrito com a ajuda dos PHM, a fim de calcular a prevalência em cada distrito.

Em cada conferência mensal, o investigador principal dava formação às MSP sobre a forma de recolher os dados sócio-demográficos e outras informações. Uma vez que algumas das perguntas eram de natureza sensível, o investigador principal pediu para manter toda a informação confidencial e para informar as mães de que se tratava apenas de fins de investigação. As MSP foram instruídas a preencher o questionário durante as suas visitas a casa, num local onde não fossem perturbadas por outros membros da família.

As perguntas sensíveis foram impressas numa folha separada, como um questionário auto-administrado, e as PHM foram instruídas a entregá-lo à inquirida para que esta o preenchesse por si própria (as PHM foram instruídas a ler as perguntas a partir da sua própria cópia, para benefício das mães analfabetas). Depois, a inquirida receberá um envelope para colocar a folha e selá-lo antes de o devolver à MSP. Com este método, conseguimos assegurar a confidencialidade das questões sensíveis. O QAI e o envelope selado continham o mesmo código de série, de modo a facilitar a introdução e a análise dos dados.

Análise de dados

A prevalência de divorciados nos três distritos foi calculada usando o denominador como os casais casados em cada distrito. As caraterísticas das mulheres divorciadas são apresentadas em números e percentagens. O teste do qui-quadrado é utilizado para comparar os diferentes grupos de mulheres.

Os factores de risco são comparados entre os casos e os controlos, utilizando os Odds ratios, sendo também calculada a análise multivariada.

Questões éticas

A autorização para a realização deste estudo nos três distritos foi obtida junto do Ministério da Saúde, dos três Diretores Regionais dos Serviços de Saúde. (RDHS) e dos MOHs relevantes e da Comissão de Assistência Jurídica. Havia várias questões éticas a serem abordadas antes do início do estudo.

Todos os PHMs foram treinados pelo PI sobre como conduzir cada entrevista e a importância de selar o questionário auto-administrado.

Foi obtido o consentimento verbal informado de todos os participantes. O inquirido pode retirar-se do estudo em qualquer altura

O MSP construiu uma boa relação e compreensão para com o inquirido

As informações obtidas do inquirido serão utilizadas apenas para avaliar os factores de risco de divórcio e os dados sócio-demográficos e não serão utilizadas para outros fins.

Foram tomadas todas as medidas para assegurar a confidencialidade e o anonimato. Todos os formulários de recolha de dados serão mantidos à guarda do investigador principal.

A autorização ética será obtida junto do Comité de Revisão Ética da Faculdade de Ciências Médicas da Universidade de Sri Jayewardenepura.

Capítulo 5

Resultados

O estudo foi realizado nos distritos de Colombo, Ratnapura e Kalutara em áreas de saúde mental selecionadas. Os dados foram recolhidos em quatro áreas de saúde mental de Colombo e Kalutara e em três áreas de saúde mental do distrito de Ratnapura.

Prevalência do divórcio:

O cálculo foi feito com base no número de casamentos registados nos três distritos para o ano de 2011.

Conseguimos contactar a Conservatória do Registo Civil e obtivemos os dados sobre o número de casamentos registados nos três distritos para o ano de 2011. Utilizando estes dados como denominador, foi calculada a prevalência para os três distritos.

O número total de divórcios que foram documentados pelos PHMs foi totalizado para cada distrito e a prevalência foi calculada.

Distrito de Colombo - O número total de divórcios foi de 679

Distrito de Kalutara - O número total de divórcios foi de 437

Distrito de Ratnapura - O número total de divórcios foi de 242

Distrito de Colombo - o número total de casamentos registados foi de 20.397

Distrito de Kalutara - o número total de casamentos registados foi de 11 196

Distrito de Ratnapura - o número total de casamentos registados foi de 9766

Por conseguinte, a prevalência do divórcio no distrito de Colombo é de 3,3/1000 casamentos

Distrito de Kalutara - 3,9/ 1000 casamentos

Distrito de Ratnapura - 2,4/1000 casamentos

Prevalência total - 3,2/1000 casamentos

COMPONENTE UM; RESULTADOS DO ESTUDO TRANSVERSAL ANALÍTICO

Tabela 01- Distribuição de frequência da vida conjugal feliz antes do divórcio.

Variável	Ratnapura N %	Colombo N %	Kalutara N %	X^2	df	Valor P
estava feliz da vida no ano passado antes do divórcio						
Sim	70 (39.5)	102(30.9)	83(28.2)	6.7	2	0.034
Não	107(60.5)	228(69.1)	211(71.8)			
Total	**117**	**330**	**294**			

Um número significativamente maior (p<0,05) de mulheres no distrito de Rathnapura relatou ter sido feliz durante o ano anterior. No entanto, 60% (Rathnapura) a 72% (Kaluthara) das mulheres tinham sido infelizes durante esse período.

Tabela 02- Caraterísticas sócio-demográficas das mulheres

Variável	Ratnapura		Colombo		Kalutara		X^2	df	Valor P
	N	%	N	%	N	%			
Idade (anos)									
<=20	5	2.9	6	1.9	9	3.1			
21-30	59	34.3	102	31.5	96	33.0	2.1	6	0.909
31-40	69	40.1	145	44.8	120	41.2			
>40	39	22.7	71	21.9	66	22.7			
Total	**172**		**324**		**291**				
Religião									
Budista	155	87.6	279	84.5	273	92.2	68.6	8	0.000
católico romano	0	0.0	25	7.6	2	0.7			
Cristão	1	0.6	13	3.9	1	0.3			

Hindu	15	8.5	2	0.6	7	2.4			
Islão	6	3.4	11	3.3	13	4.4			
Total	**117**		**330**		**296**				
Etnia									
cingalês	157	87.6	279	84.5	273	92.2			
do Sri Lanka Tamil	14	0.0	25	7.6	2	7.0	20.5	8	0.009
Muçulmano	6	0.6	13	3.9	1	0.3			
Hambúrguer	0	8.5	2	0.6	7	2.4			
Malaio	0	3.4	11	3.3	13	4.4			
Total	**177**		**330**		**296**				
Rendimento									
< Rs5000	45	25.4	68	20.6	73	24.7			
Rs5000-10000	28	16.8	60	18.2	40	15.2	6.7	6	0.347
RS10001-25000	6	3.4	27	8.2	19	6.4			
Rs25000	98	55.4	175	53.0	159	53.2			
Total	**177**		**330**		**296**				
Nível de educação									
Primário ou menos	36	20.3	49	15.1	41	14.0	10.86	6	0.093
Grau6-11	84	47.5	134	41.2	144	49.3			
Aprovado O/L	41	23.2	102	31.4	83	28.4			
A/L ou superior	16	9.0	40	12.3	24	8.2			
Total	**177**		**325**		**292**				

Apenas 8% das mulheres tinham menos de 20 anos de idade.

A maioria significativa das mulheres nos três distritos (85% em Colombo, 88% em Rathnapura e 92% em Kaluthara) era budista. As outras religiões estavam representadas por 8% (Kaluthara) a 16% (Colombo).

Oitenta e nove por cento (Rathnapura) a 93% (Colombo e Kaluthara) das mulheres eram cingalesas.

A maioria das mulheres nos distritos de Rathnapura (55%) e Kalutharar (53%) e 50% das mulheres em Colombo tinham um rendimento mensal superior a Rs.

25.000/=. No entanto, 25% das mulheres em Rathnapura e Kaluthara e 20% das mulheres em Colombo tinham um rendimento inferior a Rs. 5000/=.

Mais de 7% das mulheres em Rathnapura não tiveram qualquer educação escolar, enquanto esta percentagem é menor em Colombo e Kaluthara (3% e 2%, respetivamente). A maioria (41%-49%) estudou entre o 6º e o 11º ano. As diferenças observadas entre os distritos não são estatisticamente significativas (p>0,05).

Tabela 03- Adequação do rendimento para satisfazer as necessidades básicas das mulheres divorciadas

variável	Rathnapura		Colombo		kaluthara		X2	df	P
	Não	%	não	%	não	%			
sim	107	60.8	203	62.3	147	50.2	10.3	2	0.006
não	69	39.2	123	37.7	146	49.8			

Trinta e oito por cento (Colombo) a 50% (Kaluthara) das mulheres não dispunham de uma fonte de rendimento suficiente para satisfazer as suas necessidades básicas. Apenas uma pequena população de mulheres tinha menos rendimentos para satisfazer as suas necessidades básicas em todos os distritos.

Quadro 04- Situação profissional das mulheres antes do divórcio

Variável	Ratnapura		Colombo		Kalutara		X^2	df	Valor P
	N	%	N	%	N	%			
Ocupação									
Sim	66	37.5	150	45.9	126	42.7	3.27	2	.194
Não	110	62.5	177	54.1	169	57.3			
Total	**176**		**327**		**295**				

Apenas cerca de 38%-46% das mulheres tinham tido um emprego antes do divórcio. Não existe uma diferença significativa entre os três distritos a este respeito.

Quadro 05- Empresa do cônjuge para manter o emprego antes do divórcio

Nível de coorporação	Ratnapura		Colombo		Kalutara		X^2	df	Valor P
	N	%	N	%	N	%			
Excelente	7	10.6	14	9.3	10	8.1	11.	7280	.164
Bom	28	42.4	53	35.1	33	26.8			
Neutro	21	31.8	36	23.8	37	30.1			
Mau	5	7.6	27	17.9	21	17.1			
Muito mau	5	7.6	21	13.9	22	17.9			
Total	**66**		**151**		**123**				

Embora não haja diferenças significativas entre os três distritos no que respeita ao nível de cooperação recebido dos ex-cônjuges para que as mulheres continuem a trabalhar, as de Rathnapura (53%) tiveram maridos que as apoiaram mais do que as dos outros dois distritos (44% em Colombo e 35% em Kaluthara).

O pior apoio foi demonstrado pelos ex-maridos das mulheres do distrito de Colombo (41% tiveram um apoio mau ou muito mau), enquanto os que se encontravam nestas duas categorias eram 38% em Kaluthara e 34% em Rathnapura. As diferenças entre os três distritos não são estatisticamente significativas ($p>0,05$).

Quadro 06- Cooperação do ex-cônjuge na expetativa de vida das mulheres antes do divórcio.

Variável	Ratnapura		Colombo		Kalutara		x^2	df	Valor P
	N	%	N	%	N	%			
Expectativa de vida									
Excelente	14	10.1	16	5.4	12	4.9	14.4	8	.071

Bom	35	25.2	64	21.5	49	19.9
Neutro	42	30.2	95	32.0	91	31.0
Mau	22	15.8	77	25.9	46	18.7
Muito mau	26	18.7	45	15.2	48	19.5
Total	**139**		**297**		**246**	

A cooperação do ex-cônjuge em relação às expectativas de vida das mulheres foi maior em Ratnapura do que nos outros dois distritos, mas não foi estatisticamente significativa.

Tabela 07- Distribuição dos tipos de expectativas antes do divórcio.

Variável	Ratnapura		Colombo		Kalutara		X^2	df	Valor P
	N	%	N	%	N	%			
Ocupacional									
Sim	57	53.3	127	61.4	100	56.8	2.03	2	.361
Não	50	46.7	80	36.8	76	43.2			
Total	**107**		**207**		**176**				
Educacional							1.97	2	.373
Sim	8	7.5	22	10.6	12	6.8			
Não	99	92.5	185	89.4	164	93.2			
Total	**107**		**207**		**176**				

A maioria das mulheres nos três distritos tem expectativas no seu emprego. Apenas algumas mulheres (menos de 10%) têm expectativas de vida relacionadas com a educação.

Variável	Ratnapur a		Colombo		Kalutara		X^2	df	Valor P
	N	%	N	%	N	%			

Dependência do álcool									
Sim	121	73.3	241	73.3	192	66.7	3.8	2	.146
Grambling									
Sim	42	25.6	74	22.9	46	26.4	1.06	2	.587
Toxicodependente									
Sim	59	35.8	114	35.2	112	39.6	1.37	2	.504
Abuso físico									
Sim	20	11.9	22	6.6	37	12.7	7.34	2	**.025**
Assédio sexual									
Sim	13	7.7	11	3.3	28	9.6	10.58	2	**.005**
Outros assuntos									
Sim	70	41.7	64	19.2	91	31.2	29.69	2	**.000**
Rendimentos fracos									
Sim	13	7.7	13	3.9	22	7.5	4.71	2	.095
Dúvida									
Sim	14	8.3	13	3.9	16	5.5	4.30	2	.116
Interferir com os sogros									
Sim	15	8.9	15	4.5	24	4.2	4.93	2	.085
Problemas de comunicação									
Sim	3	1.8	5	1.5	4	1.4	0.125	2	.940

Apenas os maus-tratos físicos, o assédio sexual e os casos extraconjugais registaram uma diferença significativa entre os três distritos (P < 0,05). O álcool, o jogo e a toxicodependência apresentavam proporções quase semelhantes nos três distritos.

Quadro 09- Caraterísticas sócio-demográficas do ex-marido

variável	Rathnapura		Colombo		kaluthara		X2	df	P
	não	%	não	%	não	%			
Religião									
Budista	148	84.6	278	84.2	274	92.6	62.5	8	.000
católico romano	0	0	20	6.1	2	0.7			
cristão	4	2.3	15	4.5	1	0.3			
Hindu	17	9.7	4	1.2	6	2.0			
Islão	6	3.4	13	3.9	13	4.4			
Total	**175**		**330**		**296**				
Etnia									
cingalês	150	85.7	307	93.0	277	93.6	37.2	8	0.000
do Sri Lanka Tamil	19	10.9	5	1.5	6	2.0			
Muçulmano	6	3.4	14	4.2	13	4.4			
Hambúrguer	0	0.0	2	0.6	0	0.0			
Malaio	0	0.0	2	0.6	0	0.0			
Total	**175**		**330**		**296**				
Rendimento (Rs)									
< 5000	58	33.0	67	20.5	101	34.1	25.7	6	0.000
5000 - 10,000	71	40.3	125	38.2	98	33.1			
10,001 - 25,000	35	19.9	81	24.8	53	17.9			
> 25,000	12	6.8	54	16.5	44	14.9			
Total	**176**		**327**		**296**				
Idade (anos)									
<20	14	8.4	60	18.7	43	15.1	9.3	6	0.160
21-30	124	74.7	211	65.7	192	67.6			
31-40	24	14.5	42	13.1	41	14.4			
>40	4	2.4	8	2.5	8	2.8			
Total	**166**		**321**		**284**				

Educacional nível									
Primário	69	29.2	80	33.9	87	36.9	20.7	6	0.002
Grau 6-11	56	18.9	122	41.2	118	39.9			
Aprovado O/L	29	16.1	87	48.3	64	35.6			
A/L ou superior	9	15.0	33	55.0	18	30.0			

A religião dos ex-cônjuges também seguiu a mesma distribuição que a das mulheres, onde a maioria significativa nos três distritos (84% em Colombo, 85% em Rathnapura e 93% em Kaluthara) era budista.

A maioria significativa (86% em Rathnapura, 93% em Colombo e 94% em Kaluthara) dos ex-cônjuges das mulheres é cingalesa.

A maioria (58% em Colombo, 73% em Rathnapura e 67% em Kaluthara) dos ex-cônjuges de mulheres tinha um rendimento inferior a 10 000 rupias.

Uma proporção igual de ex-cônjuges tinha menos de 30 anos de idade nos três distritos. Havia uma proporção maior de ex-cônjuges cujo nível de escolaridade era apenas o primário em Ratnapura (42%) em comparação com os outros dois distritos. Esta diferença foi estatisticamente significativa (P < 0,05).

Quadro 10- Profissão do ex-cônjuge

variável	Rathnapura		Colombo		kaluthara		X2	dfp
	não	%	não	%	não	%		
profissional	0	0.0	2	0.7	0	0.0	34.7	80.000
semi	1	0.6	4	1.3	0	0.0		
profissional menos profissional	37	22.8	101	33.1	69	2.0		
qualificado trabalhador	51	31.5	123	40.3	80	30.3		

não qualificado trabalhador	73	45.1	75	24.6	115	43.6

Existe uma diferença significativa (p<0,001) na distribuição das profissões dos ex-cônjuges. Muitos deles em Rathnapura (45%) e Kaluthara (44%) tinham sido trabalhadores não qualificados, enquanto apenas 25% em Colombo tinham estado nesta categoria. O número de profissionais e semi-profissionais nos três distritos era mínimo (0%-1,3%).

variável	Rathnapur a		Colomb o		kaluthara		X2	df	p
	não	%	não	%	não	%			
Tipo de casamento							5.4	2	0.068
Proposta	59	34.1	88	26.7	102	34.7			
Caso de amor	114	65.9	241	73.3	192	65.3			
Total	**173**		**329**		**294**				
Anos de casamento									
<=2	36	22.1	54	18.5	74	27.3	10.5	6	0.106
3-5	43	26.4	72	24.7	66	24.4			
6-10	56	34.4	92	31.5	82	30.3			
>10	28	17.2	74	25.3	49	18.1			
Total	**163**		**292**		**271**				
Anos de namoro							16.3	6	0.012
<=1.00	110	68.8	183	58.5	176	68.0			
1.10-5.00	47	29.4	114	36.4	64	24.7			
5.10-10.00	2	1.3	11	3.5	16	6.2			
>10.00	1	0.6	5	1.6	3	1.2			
Total	**160**		**313**		**259**				
Tipo de vida após casamento							2.5	6	0.868
Apenas os dois tu	57	33.3	114	36.2	84	30.4			
Com os sogros	64	37.4	114	36.2	109	39.5			
Com o seu pais	48	28.1	84	26.7	81	29.3			
Qualquer outro	2	1.2	3	1.0	2	0.7			
Total	**171**		**315**		**276**				

N.º de crianças de este casamento							8.4	10	0.587
1	77	48.1	148	51.9	147	58.3			
2	52	32.5	90	31.6	67	26.6			
3	25	15.6	35	12.3	28	11.1			
4	5	3.1	11	3.9	9	3.6			
5	1	0.6	0	0.0	1	0.4			
6	0	0.0	0	0.0	0	0.0			
7	0	0.0	1	0.4	0	0.0			
Total	**160**		**285**		**252**				
Anteriormen te casado							3.4		20.183
Sim	11	6.4	22	6.8	30	10.3			
Não	160	93.6	303	93.2	30	10.3			
Total	**171**		**325**		**290**				

O número de casos amorosos foi maior no distrito de Colombo do que em todos os outros distritos. A maioria dos casamentos durou quase 5 anos nos três distritos.

Uma proporção semelhante viveu sozinha, com os sogros ou com os pais nos três distritos.

Menos de 10% tinham sido casados anteriormente nos três distritos.

Tabela 12 - Hábitos da mulher divorciada e do ex-marido.

Muito poucas mulheres consumiram álcool antes do divórcio/separação (menos de 2,5%). Menos de 2,5% das mulheres começaram a consumir álcool após o divórcio/separação. Menos de 3% das mulheres consumiram substâncias estupefacientes antes do divórcio/separação. Menos de 2,5% das mulheres começaram a consumir substâncias estupefacientes após o divórcio/separação.

Os hábitos do ex-cônjuge revelam uma proporção semelhante de pessoas que consumiram álcool e drogas/narcóticos nos três distritos. No entanto, os hábitos das mulheres eram insignificantes.

Tabela 13- Doença crónica antes e depois do divórcio da mulher e do ex-marido.

variável	Rathnapura	Colombo	kaluthara	X2	df	P

variável	Rathnapura		Colombo		kaluthara		X2	df	P
	não	%	não	%	não	%			
Doença crónica antes do casamento mulher									
	7	4.0	24	7.4	12	4.1	4.06	2	0.132
marido	9	4.3	18	5.8	14	6.4			
Doença crónica após o casamento mulher									
	11	6.4	30	9.3	16	5.6			
marido	13	7.8	20	6.1	22	7.6	0.8	2	0.683

Não há diferenças significativas entre os distritos no que diz respeito ao número de mulheres que sofriam de doenças crónicas antes do divórcio/separação. O número de mulheres com doenças crónicas antes do divórcio/separação era comparativamente maior no distrito de Colombo (7%) em comparação com os outros dois distritos (4%). Embora não exista uma diferença significativa entre os três distritos no que diz respeito ao número de mulheres que adquiriram doenças crónicas após o divórcio/separação, mais mulheres no distrito de Colombo (9%) adquiriram essas doenças em comparação com as dos outros dois distritos (6%).

Proporções semelhantes foram observadas no cônjuge.

Quadro 14 - Presença de divórcio na família

Cerca de 10-12% das mulheres dos três distritos referiram que os seus pais estavam separados legalmente. Também se registou uma proporção ligeiramente superior entre os cônjuges. No entanto, não houve diferença significativa nos três distritos.

COMPONENTE 2: RESULTADOS DO ESTUDO DE CASO-CONTROLO

variável	Rathnapura		Colombo		kaluthara		X2	df	P
	não	%	não	%	não	%			
Os pais divorciaram-se legalmente em mulher	21	12.1	36	11.0	30	10.4	0.3	2	0.854
Pais legalmente divorciados do ex-marido	29	17.5	56	17.6	49	17.4	0.002	2	0.999

Quadro 15: Perfil das mulheres divorciadas e das mulheres sempre casadas

Variável	Caso		Controlo		OR não ajustado
	N	%	N	%	(IC 95%)
Idade no casamento (média e DP)	22.9	4.8	24.4	5.1	**1.06 (1.02 - 1.2)**
Religião do marido e da mulher					
Diferentes	16	9.8	14	4.4	2.3 **(1.1 - 4.9)**
O mesmo	148	90.2	307	95.6	
Etnia do marido e da mulher					
Diferentes	10	6.1	6	1.9	3.4 **(1.2 - 9.6)**

O mesmo	154	93.9	315	98.1	
Rendimento do cônjuge (Rs)					
<10000	74	46.0	65	21.2	**3.2 (2.1-4.8)**
> 10001	87	54.0	241	78.8	
O seu rendimento (Rs)					
<10000	50	30.5	34	10.6	**3.7 (2.2 - 6.0)**
> 10001	114	69.5	287	89.4	
Diferença entre rendimentos					
Igual	49	30.4	115	37.6	-
Menos do que o cônjuge	32	19.9	23	7.5	**0.31 (0.16 -0.58)**
Mais do que o cônjuge	80	49.7	168	54.9	0.89 (0.58 - .36)
Empregado durante o casamento					
Empregado	76	46.6	192	61.5	**0.55 (0.37 - .80)**
Desempregado	87	53.4	120	38.5	
A sua educação					
Inferior a O/L	80	49.4	67	21.6	**3.5 (2.3 - 5.3)**
Mais do que O/L	82	50.6	243	78.4	
Educação do cônjuge					
Inferior a O/L	81	51.3	78	25.1	**3.1 (2.1 - 4.7)**
Mais do que O/L	77	48.7	233	74.9	

A idade de casamento das mulheres casadas é superior à das mulheres divorciadas. Quanto mais jovem for a idade do casamento, maior é o risco de divórcio, com um OR não ajustado de 1,06 (IC -1,02 -1,2).

A diferença de religião do marido e da mulher é considerada um fator de risco para o casamento. A proporção de casais com parceiros de religiões diferentes é o dobro entre os casais divorciados em comparação com os casais que nunca se casaram (OR de 2,3) (CI- 1,1-4,90).

Tal como a diferença de religião, a diferença de etnia entre o marido e a mulher constitui um risco para o casamento.

Quase metade dos cônjuges das mulheres divorciadas tinha um rendimento inferior a 10 000 rupias, ao contrário do que acontecia com os casais que se mantinham casados, que era de 21%. Quanto mais baixo for o rendimento do cônjuge, maior é o risco para o casamento. A proporção de mulheres divorciadas com um rendimento inferior a 10 000 rúpias era de 30%, em comparação com a das mulheres que nunca casaram (11%). Por conseguinte, quando o rendimento da mulher é inferior a 10 000 euros, considera-se que é um fator de risco.

Quando se compararam as diferenças de rendimento entre os cônjuges, tanto nos divorciados como nos casados de facto, independentemente de quem ganhava mais, não houve impacto significativo no estado civil.

A situação de emprego da mulher durante o casamento, tanto para os casais divorciados como para os casados, foi considerada um fator de proteção quando comparada com os desempregados.

Verificou-se que as mulheres com habilitações inferiores ao nível O'level corriam um risco mais elevado de se divorciarem do que as que tinham habilitações superiores ao nível O'level. A situação também era semelhante no que respeita à educação do cônjuge.

Quadro 16: Práticas negativas do cônjuge entre as mulheres divorciadas e as mulheres que já casaram

Fator / Variável	Caso		Controlo		OR(CI)
	N	%	N	%	
Consumo de álcool					
Consumir	119	73.0	126	40.6	**3 .9 (2.6 - 6.0)**

Não consumir	44	27.0	184	59.4	
Jogos de azar					
Jogos de azar	25	15.5	8	2.6	**6.8 (2.9 - 5.5)**
Não jogar	136	84.5	296	97.4	
Narcóticos					
Tomar	48	29.8	52	17.8	**1.9 (1.2 - 3.1)**
Não tomar	113	70.2	240	82.2	

O consumo de álcool e de estupefacientes pelos cônjuges, bem como o hábito de jogar, são factores de risco para o divórcio.

A proporção de consumidores de álcool era muito mais elevada entre os casais divorciados do que entre os casais que se casaram.

A proporção de consumidores de estupefacientes era também mais elevada entre os cônjuges dos casais divorciados.

Embora um número relativamente menor de pessoas se dedicasse ao jogo, esta proporção era mais elevada entre os casais divorciados do que entre as mulheres casadas.

Quadro 17: Estado civil dos pais das mulheres divorciadas e das mulheres sempre casadas

Fator / Variável	**Caso**		**Controlo**		**OR(CI)**
	N	**%**	**N**	**%**	
Pais divorciados					
Divorciado	15	9.4	11	3.7	**2.7 (1.2 - 6.1)**
Não divorciado	145	90.6	289	96.3	
Tipo de casamento					
Proposta	39	23.9	73	23.9	1.0 (0.6 - 1.6)
Casamento por amor	124	76.1	233	77.5	

Há quanto tempo está casado (anos)					
<2	15	9.4	18	6.0	1.4 (0.6 -2.9)
3-5	45	28.3	60	20.1	1.2 (0.7 - 2.0)
6-10	41	25.8	125	41.9	**0.5 (0.3 - 0.8)**
>10	58	36.5	95	31.9	-

Uma maior proporção de casais divorciados tinha uma história de divórcio de um dos pais, o que também constituía um fator de risco significativo.

O tipo de casamento, proposto ou por amor, não teve influência na continuidade do casamento.

No que diz respeito ao número de anos de casamento, para os casados há 6-10 anos, a duração do casamento parece ter um efeito protetor em comparação com os casamentos com menos de 5 anos.

RESULTADOS DE ENTREVISTAS INFORMAIS:

Foram realizadas entrevistas informais com a Comissão de Assistência Jurídica e os conselheiros jurídicos nos três distritos. De acordo com as estatísticas e os motivos do divórcio, segundo a sua experiência, foram os seguintes

1. Falta de empenhamento no casamento

   Pode faltar empenhamento a um dos cônjuges, porque o casamento nem sempre acontece por amor. Pode ser visto como um bom negócio e, quando se descobre que o negócio não é o que se esperava, dá-se o divórcio. Além disso, as pessoas que procuram soluções rápidas não conseguem manter o casamento durante muito tempo.

2. Incompatibilidade sexual e infidelidade

   Os hábitos de filantropia são difíceis de manter, o que leva à infidelidade. As pessoas com uma libido incontrolável ou infelizes com o seu parceiro não podem ser leais ao seu parceiro. Por isso, quando a mulher ou o marido descobrem que o seu parceiro o está a trair, o divórcio acaba por ser a solução. A questão que se coloca é quando é que se deve divorciar.

3. Falta de comunicação entre os cônjuges

   Sem comunicação, nenhuma relação pode ser eficaz. Ao manter os seus ressentimentos a ferver dentro de si, o seu parceiro não chega a saber o que se está a passar dentro de cada um, o que é suscetível de criar distância entre os parceiros.

4. Abandono

   Quando um dos cônjuges abandona o seu parceiro durante algum tempo ou por um período mais longo, o divórcio surge como a resposta. A pessoa abandona o seu parceiro devido aos maus hábitos deste último.

5. Dependência de álcool e abuso de substâncias

   A dependência e o abuso do álcool impedem a felicidade conjugal devido à alteração do padrão de comportamento, que tem um impacto negativo na paz mental e na segurança física.

6. Abuso físico, abuso sexual e abuso emocional

   Estes abusos não são invulgares e tolerá-los não é bom e uma pessoa que se ama a si própria não toleraria tais abusos.

7. Diferenças nos objectivos pessoais e profissionais

   As pessoas que coabitam antes do casamento têm taxas de divórcio mais elevadas do que as pessoas que não coabitaram antes do casamento, porque as diferenças tornam-se gigantescas com o passar do tempo. Imaginava-se que o conforto inicial antes do casamento levaria as coisas para a frente no futuro, mas na realidade isso não acontece.

8. Incapacidade de gerir ou resolver conflitos

   A falta de maturidade incapacita a pessoa para gerir conflitos e lidar com diferenças de personalidade ou "diferenças irreconciliáveis".

9. Expectativas diferentes em relação às tarefas domésticas e aos problemas financeiros Quando as expectativas não coincidem, as relações são mais afectadas. Isto leva a conflitos de personalidade porque nenhum dos dois está disposto a fazer coisas ou a sacrificar o seu tempo e conforto. Porque o que um quer que o outro faça, o outro não faz, há insatisfação e frustração.

Nestes casos, o amor torna-se amargo. Esta situação agrava-se com os problemas financeiros, porque as necessidades materiais não são satisfeitas e cria descontentamento no espírito de ambos os parceiros, uma vez que um não pode dar e sente-se humilhado e o outro sente-se frustrado por causa de inconvenientes de longa data.

10. Incompatibilidade intelectual e inflexibilidade

    A incompatibilidade intelectual gera mal-entendidos. E a pessoa mais inteligente sente-se frustrada, enquanto o parceiro menos inteligente fica furioso por não atingir o nível de inteligência do outro e torna a vida miserável para si próprio e para os outros também.

11. Instabilidade mental ou doença mental

    A loucura não dá espaço para uma comunicação normal.

12. Crenças religiosas, diferenças culturais e de estilo de vida

    Os valores culturais chocam, a menos que tenhamos uma natureza altamente adaptativa. A ortodoxia conduz à intolerância e o conservadorismo amordaça a espontaneidade da vida. Isto leva ao divórcio após algum tempo de casamento.

Discussão

Este estudo foi realizado entre as mulheres em idade reprodutiva nos distritos de Colombo, Kalutara e Ratnapura para determinar a prevalência do divórcio e os factores de risco para o divórcio.

Nos distritos de Colombo, Kalutara e Ratnapura, o número total de divórcios foi de 679, 437 e 242, respetivamente, o que faz com que a proporção de divórcios (em relação à média total de casamentos registados por ano em cada um destes distritos) seja de 3,3, 3,9 e 2,4, respetivamente, por 1000 casamentos. A proporção de divórcios foi calculada de forma diferente em vários estudos. Alguns estudos usam a população total como denominador (6) e outros usam o número médio de casamentos (2). Neste estudo, utilizámos este último método, uma vez que a população em risco de se divorciar pode ser mais bem aproximada por este método. A prevalência média de divórcio para os três distritos, calculada com o nosso método, foi de 3,2. A diferença entre este valor e o do presente estudo deve-se provavelmente à variação do denominador utilizado.

As informações sociodemográficas gerais das mulheres divorciadas/separadas foram recolhidas através de um questionário administrado pela parteira de saúde pública da respectiva área. A MSP foi considerada a melhor entrevistadora para este efeito, uma vez que é considerada uma pessoa próxima das mães em geral, devido à natureza do seu trabalho e à sua relação próxima com as mulheres em idade reprodutiva. No entanto, para obter informações mais pessoais, foi entregue às entrevistadas um segundo questionário auto-administrado, para ser preenchido e devolvido num envelope fechado. Dos segundos questionários que foram devolvidos, muitos continham deficiências nos dados e não puderam ser utilizados na análise. Daí o número inferior ao previsto na amostra. É natural que este tipo de estudo tenha uma taxa de não resposta elevada, dada a sensibilidade das questões colocadas. Em consequência, foram incluídas neste estudo 803 mulheres (177 de Ratnapura, 330 de Colombo e 296 de Kalutara) com idades compreendidas entre os 15 e os 49 anos.

Sessenta a setenta e dois por cento de todas as mulheres em três distritos foram infelizes durante o ano anterior ao seu divórcio. A diferença significativa observada entre os distritos pode ter resultado de uma variedade de razões relacionadas ou não relacionadas com o casamento, e pode incluir a diferença de expectativas, pressões sociais e estatuto da mulher nas respectivas sociedades. No entanto, mesmo os factores externos ao casamento podem afetar o casamento no final (13), e a elevada taxa de infelicidade pode ser um indicador de divórcio iminente. A estreita associação entre a infelicidade conjugal e o divórcio também foi demonstrada em estudos anteriores (10).

As mulheres divorciadas/separadas de todos os distritos estavam distribuídas de forma equitativa entre as diferentes categorias etárias. A maioria das mulheres divorciadas/separadas era de etnia cingalesa e budista, de acordo com a distribuição étnica e religiosa nestes três distritos (3). Embora não houvesse diferença entre os distritos no que respeita ao nível de rendimento das mulheres, as de Colombo eram mais instruídas do que as dos outros dois distritos.

Cerca de 40% das mulheres de Ratnapura e Colombo e quase metade das mulheres de Kalutara não dispunham de um rendimento pessoal suficiente para satisfazer as suas necessidades básicas. Embora isto seja diferente do que acontece com as mulheres noutros países do mundo (12,15), é de esperar no contexto do Sri Lanka, onde a capacitação económica das mulheres é mínima e as mulheres são tradicionalmente consideradas economicamente fracas. Este facto é igualmente corroborado pelo facto de a maioria das mulheres não ter tido emprego antes do divórcio. Curiosamente, os nossos dados revelam que a maioria das mulheres que estavam empregadas tinha um apoio neutro, bom ou excelente dos seus cônjuges para continuar a trabalhar.

Apenas 25%-35% das mulheres divorciadas/separadas receberam uma boa ou excelente cooperação dos seus ex-cônjuges para realizarem as suas expectativas de vida antes do divórcio/separação

As práticas negativas dos maridos antes do divórcio/separação foram inquiridas na amostra. Foi demonstrado que o álcool e o jogo influenciam o divórcio (ref), e 66%-75% das mulheres da nossa amostra tiveram cônjuges viciados em álcool. A proporção de jogadores foi, no entanto, menor (22%-26%). Trinta e cinco a quarenta por cento das mulheres também eram toxicodependentes de estupefacientes. Surpreendentemente, os maus-tratos físicos parecem ter desempenhado um papel menos importante no divórcio ou na separação, uma vez que apenas algumas das mulheres divorciadas/separadas foram vítimas de maus-tratos físicos ou sexuais (12,7% e 9,6%, respetivamente). No entanto, é também provável que as mulheres tenham dado respostas socialmente aceitáveis devido à natureza sensível e pessoal das perguntas.

Os casos extraconjugais desempenham um papel importante na indução do divórcio e da separação (20). Isto também se verifica entre os cônjuges das mulheres divorciadas no nosso estudo, onde a proporção nos distritos de Kalutara (31%) e Ratnapura (42%) era significativamente mais elevada do que em Colombo (19%). Poucos foram os relatos de mulheres com baixos rendimentos, dúvidas sobre o cônjuge, interferências na vida conjugal por parte dos sogros e problemas de comunicação com o cônjuge.

A composição étnica e religiosa dos cônjuges também está de acordo com a sua distribuição nos três distritos (3). A maioria dos cônjuges tinha um rendimento inferior a 10 000 rupias por mês. Estudos anteriores também mostraram que o baixo rendimento influencia o estado civil (14,15,16). À semelhança das mulheres, o nível de instrução dos maridos também era elevado em Colombo, em comparação com os outros dois distritos. Os nossos resultados também mostram que os cônjuges da maioria das mulheres divorciadas/separadas eram trabalhadores não qualificados ou semi-qualificados, enquanto havia um número mínimo de profissionais e semi-profissionais

Os casamentos da grande maioria dos divorciados foram casamentos por amor, confirmando a opinião pública de que os casamentos por amor são susceptíveis de fracassar. Embora se acredite que os casamentos por amor protegeriam o casamento, tirando partido da compreensão que as duas partes têm, os nossos resultados mostram o contrário. Este facto pode ser resultado de um namoro mais curto, que é inferior a um ano para a maioria. Um período tão curto de namoro pode não ser suficiente para se entenderem e compreenderem mutuamente, e esta falta de compreensão pode ter desempenhado um papel na indução do divórcio/separação. No entanto, também é possível que a pressão social e familiar exercida nos casamentos arranjados ajude a manter o casamento. Por outro lado, também é possível que as pessoas que entram em casamentos por amor sejam independentes na tomada de decisões e que esta independência também sirva de combustível para o divórcio/separação.

A maioria das mulheres divorciou-se/separou-se após uma vida conjugal prolongada (>6 anos). Isto também indica que o divórcio não resultou de decisões impulsivas, mas é provavelmente o resultado de tentativas falhadas de fazer o casamento funcionar. Por outro lado, também é possível que os factores que influenciaram o divórcio tenham surgido após os primeiros anos de casamento.

A maioria das mulheres tinha um ou dois filhos. Os filhos do divórcio são prejudicados de várias formas (14), pelo que é fundamental que as intuições estatais e sociais se concentrem mais nos filhos do divórcio para garantir a sua proteção. Para a grande maioria das mulheres, o último casamento tinha sido o primeiro casamento.

Dez a doze por cento das mulheres divorciadas têm pais divorciados e 175% dos seus ex-cônjuges também têm pais divorciados. Estudos anteriores mostraram também que as crianças que testemunham o divórcio dos pais podem ter casamentos problemáticos (7,8,19).

O estudo de caso-controlo foi realizado para determinar os factores de risco do divórcio/separação. Foram muitos os factores que influenciaram significativamente o divórcio na nossa amostra de estudo. A idade mais baixa no casamento é um fator de risco significativo para o divórcio (OR 1,06). As mulheres mais jovens são mais susceptíveis de serem inexperientes nos acontecimentos das suas vidas e imaturas na tomada de decisões. A sua capacidade de gerir adequadamente os factores de stress pode também ser comparativamente menor. Este resultado também confirma os resultados de outros estudos que mostram que a idade mais jovem no casamento é um fator de risco para o divórcio (14,18).

Os casamentos mistos estão em risco de divórcio (OR 2,3). As diferenças de etnia ou de religião entre os cônjuges podem ser um fator de risco para o divórcio, provavelmente devido à incompatibilidade cultural entre os dois.

Os rendimentos mais baixos do cônjuge e da mulher são factores de risco para o divórcio (OR 3,2), o que confirma resultados anteriores (16). Quando o rendimento da família, em geral, é baixo, a capacidade de contrariar os factores de stress social e económico é menor, o que pode prejudicar a relação conjugal. Parece que o que importa é o rendimento total da família e não o rendimento individual, uma vez que o facto de a mulher ganhar mais do que o marido não altera significativamente o resultado conjugal (OR 0,31).

A estabilidade financeira das mulheres durante o casamento protege-o da dissolução (OR 0,55), tal como demonstrado noutros estudos (8,14). Provavelmente, ajuda a amortecer as pressões do cônjuge e proporciona uma melhor plataforma para toda a família conter os efeitos negativos dos factores de stress externos. O emprego também aumentaria o bem-estar psicológico da mulher, permitindo-lhe assim enfrentar melhor as situações difíceis.

Um nível de escolaridade mais baixo, quer da mulher quer do cônjuge, constitui um fator de risco para o divórcio (OR 3,5 e 3,1, respetivamente). Um nível de instrução mais baixo pode também influenciar a sua capacidade de ganhar dinheiro e limitar as suas capacidades de negociação em situações difíceis da vida. Estas limitações podem afetar negativamente a estabilidade do casamento.

À semelhança de resultados anteriores (13,17), o abuso de álcool e narcóticos e o jogo foram considerados factores de risco para o divórcio (OR 3,9, 1,9 e 6,8, respetivamente). Estes factores aumentam a desarmonia conjugal (ref), e as tensões resultantes conduzem subsequentemente à dissolução do casamento. Além disso, o abuso de substâncias afecta a capacidade de racionalização e pode afetar negativamente a instituição do casamento.

O divórcio dos pais influenciou significativamente o divórcio dos filhos, o que também se verificou noutras partes do mundo. No entanto, apesar da elevada taxa de divórcio entre as pessoas que se casaram após relações amorosas (como se mostra acima), o tipo de casamento (casamento por amor ou casamento arranjado) não teve um impacto significativo na continuidade do casamento.

Estar casado durante 6 a 10 anos tem um efeito protetor no casamento em comparação com uma duração mais longa do casamento. O facto de estar casado há menos anos não altera significativamente o risco de divórcio.

Conclusões

A proporção de divórcios nos distritos de Colombo, Kalutara e Ratnapura (em relação à média total de casamentos registados por ano em cada um destes distritos) foi de 3,3, 3,9 e 2,4, respetivamente, por 1000 casamentos. A prevalência média de divórcios para os três distritos, calculada com o nosso método, foi de 3,2 por 1000 casamentos.

Apenas 25%-35% das mulheres divorciadas tinham recebido uma boa ou excelente cooperação dos seus maridos para satisfazerem as suas expectativas de vida.

As práticas negativas do ex-cônjuge (álcool, jogo e estupefacientes) influenciaram o divórcio nos três distritos.

Os casos extraconjugais desempenharam um papel significativo na indução do divórcio.

A idade mais baixa no casamento, a presença de casamentos mistos, os rendimentos mais baixos, o nível de educação mais baixo e as práticas negativas dos ex-cônjuges foram factores de risco significativos para o divórcio.

REFERÊNCIAS

1. Marriam_Webster Definition of Divorce (em linha) Citado a 3 de maio de 2013, disponível em http://www.marriam_webster.com?dictonary/divorce
2. Wikipedia: a enciclopédia livre. Definição de taxa de divórcio (online) Disponível em http://www.en.wikipedia.org [acedido em 8 de abril de 2013]
3. Departamento de Censos e Estatísticas, Sri Lanka. Conceitos e definições. Disponível em (online)www.statistis.gov.lk?index.php?file [acedido em 8 de abril de 2013]
4. LawNet; Governo do Sri Lanka. Leis sobre o divórcio. (online) Disponível em http://www.lawnet.lk [acedido em 8 de abril de 2013]
5. C. Mathews & Co. Divorce in Sri Lanka (online) Disponível em http://www.Cmathews.com/family-matters/divorce-in -srilanka [acedido em 8 de abril de 2013]
6. NationMaster-World Statistics, comparação entre países; taxa de divórcio (a maioria dos recente) por país . (em linha) Disponível em www.nationmaster.com/graph/peo_div_rat-people-divorce-rate [acedido em 8 de abril de 2013
7. Norton AJ, Miller LF. Marriage, divorce, and remarriage in the 1990's.CurrPopul Rep PopulCharact. 1992 Oct;(180):i-1-21
8. FabrizioBernardi Juan-Ignacio Martinez-Pastor. Factores de risco de divórcio e suas variações ao longo do tempo em Espanha. Demorgaraphic research.2011 maio; 24(31):771- 800
9. Brown SL, Lin IF. The gray divorce revolution: rising divorce among middle-aged and older adults, 1990-2010. J Gerontol B PsycholSciSoc Sci. 2012 Nov;67(6):731-41.
10. Barikani A, Ebrahim SM, Navid M. The cause of divorce among men and women referred to marriage and legal office in Qazvin, Iran. Glob J Health Sci. 2012 Aug 27;4(5):184-91.

11. Kalmijn M, Vanassche S, MatthijsK. Divorce and social class during the early stages of the divorce revolution: evidence from Flanders and the Netherlands. J Fam Hist. 2011;36(2):159-72.
12. Simonsson P, Sandstrom G. Ready, willing, and able to divorce: an história económica e cultural do divórcio no século xx Suécia. J Fam Hist. 2011;36(2):210-29.
13. Breslau J, Miller E, Jin R, Sampson NA, Alonso J, Andrade LH, et al. A multinational study of mental disorders, marriage, and divorce.ActaPsychiatr Scand. 2011; Dec;124(6):474-86.
14. Corley CJ,WoodyAY.Socioeconomic,sociodemorgraphic& attitudinal correlates of the tempo of divorce.J Divorce remarriage.1992;16(1-2)4768
15. JalovaaraM. Thejointeinteffectsofmarriage posições socioeconómicas dos parceiros em relação ao risco de divorce.Demorgraphy.2003 Feb;40(1):67-81
16. Lester D. The impact of unemployment on marriage and divorce (O impacto do desemprego no casamento e no divórcio). J Divorce Remarriage.1996;25(3-4): 151-3
17. Torvik FA, Roysamb E, Gustavson K, Idstad M, TambsK.Discordant and concordant alcohol use in spouses as predictors of marital dissolution in the general population: results from the hunt study. Alcohol ClinExp Res. 2013 May;37(5):877-84. doi: 10.1111/acer.12029. Epub 2013 Feb 5.
18. Tilson D, Larsen U.Divorce in Ethiopia: the impact of early marriage and childlessnessJBiosoc Sci.2000 Jul;32(3):355-72
19. Cherlin AJ, Kiernan KE, Chase-Lansdale PL.Parental divorce in childhood and demographic outcomes in young adulthood. Demography. 1995 Aug;32(3):299-318
20. Charny IW, Parnass S. The impact of extramarital relationships on the continuation of marriages.J Sex Marital Ther. 1995 Summer;21(2):100- 15.

Anexo 01

Número de série

Questionário

Respondo a este questionário com o meu próprio consentimento SimNão

É atualmente divorciado/separado? SimNão

Estava satisfeito com a sua vida conjugal durante o ano anterior ao divórcio/separação? SimNão

Apenas para utilização no escritório

1. Distrito ....
2. Área de MOH ....
3. Área PHM ....

Parte A: Questionário administrado pelo entrevistador

Dados sócio-demográficos

4. Qual é a sua religião e a do seu cônjuge?

TuCônjuge

BudistaBudista

Católico romanoCatólico romano

CristãoCristão

HinduHindu

IslãoIslão

Outros (especificar) Outros (especificar)

5. Qual é a sua etnia e a do seu cônjuge?

Cônjuge

CingalêsCingalês

Sri Lanka TamilSri LankaTamil

MuçulmanoMuçulmano

BurgerBurger

MalaioMalaio

Outros (Especificar) Outros(Especificar)

6. Quais são os seus rendimentos mensais e os do seu cônjuge?

Cônjuge

< Rs 5000< Rs 5000

Rs 5000 - Rs 10,000Rs 5000 - Rs 10,000

Rs 10,001 - Rs 25,000Rs 10,001 - Rs 25,000

> Rs 25,000> Rs 25,000

A sua informação

7. Qual é a sua idade (em anos completos)? ....Data de nascimento ....
8. Idade no casamento do cônjuge

9. Está atualmente empregado para sustentar a sua vida? SimNão

10. Estava empregado antes do seu casamento/divórcio? SimNão

Em caso afirmativo,

10.1 Como foi o apoio do cônjuge para continuar com o seu emprego?

ExcelenteBomNeutroMauMuito mau

11. Como foi o apoio do seu cônjuge para atingir os seus objectivos de transportadora?

ExcelenteBomNeutroMauMuito mau

11.1 Os objectivos dos transportadores acima referidos eram

- Relativamente à ocupação
- Relativamente à educação -------
- Outros -----(especificar) -------

12. Qual é o seu nível de educação mais elevado?

Sem escolaridadePassou O/L

PrimárioA/L

Grau 6-11Passou A/L

Outro (Especificar)..........

13. Consumia álcool antes de se divorciar/separar? SimNão

Em caso afirmativo,

DiariamenteOcasionalmenteRaramente

14. Consumiu álcool depois de se divorciar/separar? SimNão

Em caso afirmativo,

DiariamenteOcasionalmenteRaramente

15. Consumiu drogas ilegais antes de se divorciar/separar? SimNão

Em caso afirmativo,

DiariamenteOcasionalmenteRaramente

16. Consumiu drogas ilegais depois de se divorciar/separar? SimNão

Em caso afirmativo,

DiariamenteOcasionalmenteRaramente

17. Sofria de algum tipo de doença crónica antes de se divorciar/separar?

Sim Não

18. Sofreu de alguma doença crónica depois de se divorciar/separar?

SimNão

19. Os seus pais alguma vez se divorciaram/separaram legalmente? SimNão

20. informações do cônjuge

20.1. Qual é a idade do seu cônjuge (em anos completos)?..................

Data de nascimento ....

20.2. Qual é a profissão do seu cônjuge?..............................

20.3. Onde vive o seu cônjuge? (para o distrito mais próximo).............................

20.4. Qual é o nível de escolaridade mais elevado do seu cônjuge?

Sem escolaridadePassouO/L

PrimárioA/L

Geade 6-11PassouA/L

Outro(Especificar) ....

20.5. Ele consumiu álcool? SimNão

Em caso afirmativo,

DiariamenteRaramenteI Raramente

20.6. Ele jogava a dinheiro ?

Em caso afirmativo,

DiariamenteRaramente

20.7. Tomou estupefacientes / drogas ilícitas? SimNão

Em caso afirmativo,

DiariamenteOcasionalmenteRaramente

20.8. Sofre de alguma doença crónica? Sim N

Em caso afirmativo,

DiariamenteNacionalmenteRaramente

20.9. Os pais do seu cônjuge são divorciados/separados ? SimNão

21. História conjugal

21.1 Tipo de casamentoProposta de casamento

21.2 Há quanto tempo estão casados? AnosMêses

21.3 Há quanto tempo se conhecem antes de se casarem?

AnosMeses

21.4 Já foi casado anteriormente? Sim N

21.4.1 Em caso afirmativo, quanto tempo durou? AnosMeses

21.4.2 O que é que aconteceu a esse casamento?

divorciadoviúvooutro .... (especificar)

21.4.3 Se houver filhos desse casamento? Número total

Meninas

21.5 O seu cônjuge já foi casado anteriormente? SimNão

21.5.1 Se sim, quanto tempo durou? Anos

21.5.2 O que é que aconteceu a esse casamento?

divorciadoviúvooutro ....(especificar)

21.5.3 Se houver filhos desse casamento? Número total

RapazesMeninas

21.6 Onde é que ficaram depois do casamento? Só vocês os dois

Com os sogros

Com os seus pais

Qualquer outro (especificar) ....

21.7 Como era a sua relação com as leis?

ExcelenteBomNutroMauMuito mau

21.8 Como era a relação dos vossos cônjuges com os vossos pais?

ExcelenteBomNutroMauMuito mau

21.9 Informações sobre os filhos deste casamento: Número total ------

RapazesMeninas

CONFIDENCIAL -- Número de série

Apenas para utilização no escritório ----------------------

Distrito ....

Área de MOH ....

Área PHM.........................

Parte B: Questionário auto-administrado (Assinalar a casa correspondente)

22. Outras informações

22.1 Tiveram um caso extraconjugal? Sim

22.2 O seu cônjuge teve um caso extraconjugal? SimNão

22.3 Teve relações sexuais com o cônjuge antes de se casar?

SimNão

Em caso afirmativo, durante quanto tempo? AnosMont

22.4 Recebeu tratamento ou consultou um médico para uma doença mental durante o casamento?

SimN||

22.5 O seu cônjuge recebeu tratamento ou consultou um médico para uma doença mental?

doença durante o casamento? Sim

22.6 O que pensa do tempo que teve com o seu cônjuge para discutir os problemas familiares?

Mais do que adequado A : eSiat adequado

InadequadoNão adequado de todo

22.7 O que pensa do tempo que o seu cônjuge teve consigo para discutir os problemas familiares?

Mais do que adequadoAdequadoAlgumas vezes adequado

InadequadoNão adequado de todo

22.8 O que pensa sobre a satisfação sexual que teve com o seu cônjuge durante a vida de casado?

Muito satisfeito Satisfeito SatisfeitoMuito satisfeito

Não satisfeitoNão satisfeito de todo

22.9 O que pensa sobre a satisfação sexual que o seu cônjuge teve durante a vida de casado?

Muito satisfeito Satisfeito SatisfeitoMuito satisfeito

Não satisfeitoNão satisfeito de todo

22.10 O seu cônjuge maltratou-a fisicamente?

DiariamenteFrequentementeOcasionalmente

RaramenteNem sempre

22.11 O seu cônjuge abusou de si mentalmente?

DiariamenteFrequentementeOcasionalmente

RaramenteNem sempre

22.12 Esteve no estrangeiro durante o casamento? Sim

22.13 O seu cônjuge esteve no estrangeiro durante o casamento? SimNão

22.14 Qual acha que é a razão da vossa separação? -

- - - -

Anexo 02

Folha de registo

Distrito : ....

Área MOH : ....

Área PHM	População	Número de famílias elegíveis	Número de mulheres divorciadas/separadas

Anexo 3

Questionário semi-estruturado

Título: Prevalência do divórcio, factores de risco associados e razões legais entre as mulheres separadas/divorciadas dos seus maridos que vivem nestes distritos do Sri Lanka

Nome do entrevistador : ....

Designação : ....

Q1 - De acordo com a sua experiência, quais são as principais razões para o divórcio no Sri Lanka?

Q2 - Qual é o sucesso do aconselhamento matrimonial / aconselhamento jurídico no Sri Lanka?

More Books!

yes

I want morebooks!

Buy your books fast and straightforward online - at one of world's fastest growing online book stores! Environmentally sound due to Print-on-Demand technologies.

Buy your books online at
www.morebooks.shop

Compre os seus livros mais rápido e diretamente na internet, em uma das livrarias on-line com o maior crescimento no mundo! Produção que protege o meio ambiente através das tecnologias de impressão sob demanda.

Compre os seus livros on-line em
www.morebooks.shop

info@omniscriptum.com
www.omniscriptum.com

OMNIScriptum

MIX
Papier aus verantwortungsvollen Quellen
Paper from responsible sources
FSC® C105338

Printed by Books on Demand GmbH, Norderstedt / Germany